儿童哲学智慧书

Philo Zenfants

情感，是什么？

［法］奥斯卡·柏尼菲 著　［法］塞尔日·布洛克 绘
刘明 译

接力出版社
Publishing House

桂图登字：20—2010—227

Copyright © 2004 by Éditions Nathan-Paris, France
Edition originale: LES SENTIMENTS, C'EST QUOI?
Simplified Chinese edition © Jieli Publishing House
All rights reserved

图书在版编目（CIP）数据

情感，是什么？／（法）奥斯卡·柏尼菲著；（法）塞尔日·布洛克绘；刘明译．--2版．--南宁：接力出版社，2025.5.--（儿童哲学智慧书）．-- ISBN 978-7-5448-8878-3

I. B-49

中国国家版本馆 CIP 数据核字第 2025KZ0361 号

情感，是什么？
QINGGAN，SHI SHENME？

责任编辑：朱晓颖　孔倩　　美术编辑：王雪
责任校对：杨艳　　责任监印：刘宝琪　　版权联络：闫安琪
出版人：白冰　雷鸣
出版发行：接力出版社　　社址：广西南宁市园湖南路9号　　邮编：530022
电话：010-65546561（发行部）　传真：010-65545210（发行部）
网址：http://www.jielibj.com　电子邮箱：jieli@jielibook.com
经销：新华书店　　印制：北京瑞禾彩色印刷有限公司
开本：710毫米×1000毫米　1/16　　印张：6　　字数：41千字
版次：2011年1月第1版　2025年5月第2版　　印次：2025年5月第39次印刷
印数：342 001—359 000册　　定价：28.00元

本书部分插图中含有危险动作，请勿模仿

版权所有　侵权必究
质量服务承诺：如发现缺页、错页、倒装等印装质量问题，可直接联系本社调换。
服务电话：010-65545440

目录

爱的证据
怎么知道爸爸妈妈爱你呢?
4

嫉妒
你会嫉妒你的兄弟姐妹吗?
20

冲突
你为什么要和相爱的人吵架呢?
34

爱情
恋爱很美好吗?
48

友谊
你自己待着好,还是和朋友在一起好?
62

胆怯
你害怕在全班同学面前说话吗?
78

94 让孩子学会思考
95 儿童与哲学

爱的证据

怎么知道爸爸妈妈爱你呢？

怎么知道爸爸妈妈爱你呢?

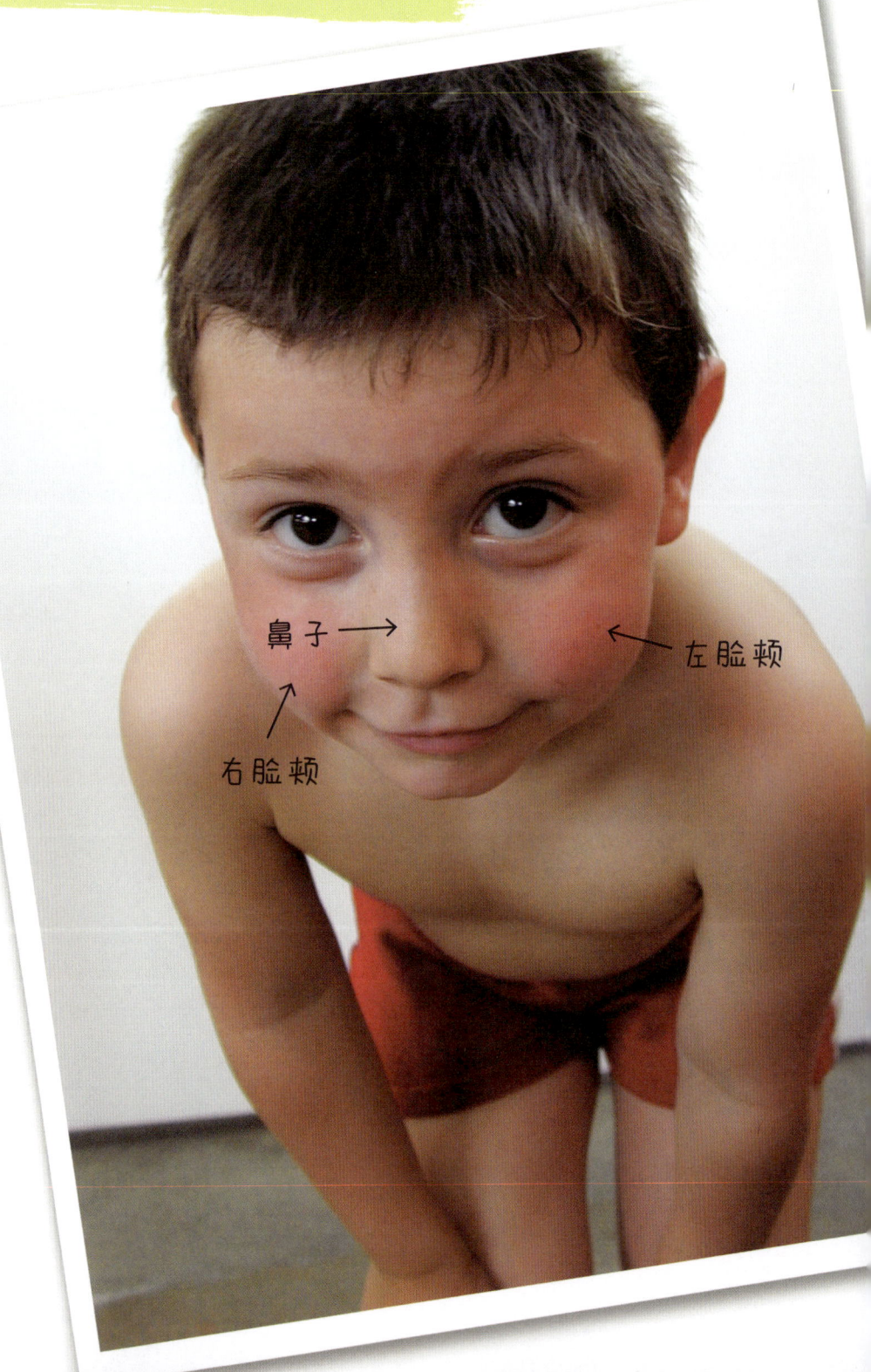

爱 的 证 据

他们会抱我、亲我。

对，可是……

互相拥抱、亲吻的人，一定互相喜欢吗？
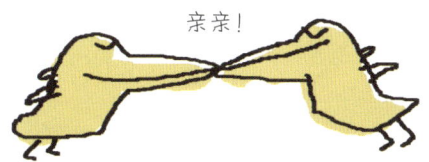
亲亲！

亲亲！
互相喜欢的人，一定常常拥抱和亲吻吗？

你喜欢有人一天到晚亲你吗？

亲亲！

怎么知道爸爸妈妈爱你呢?

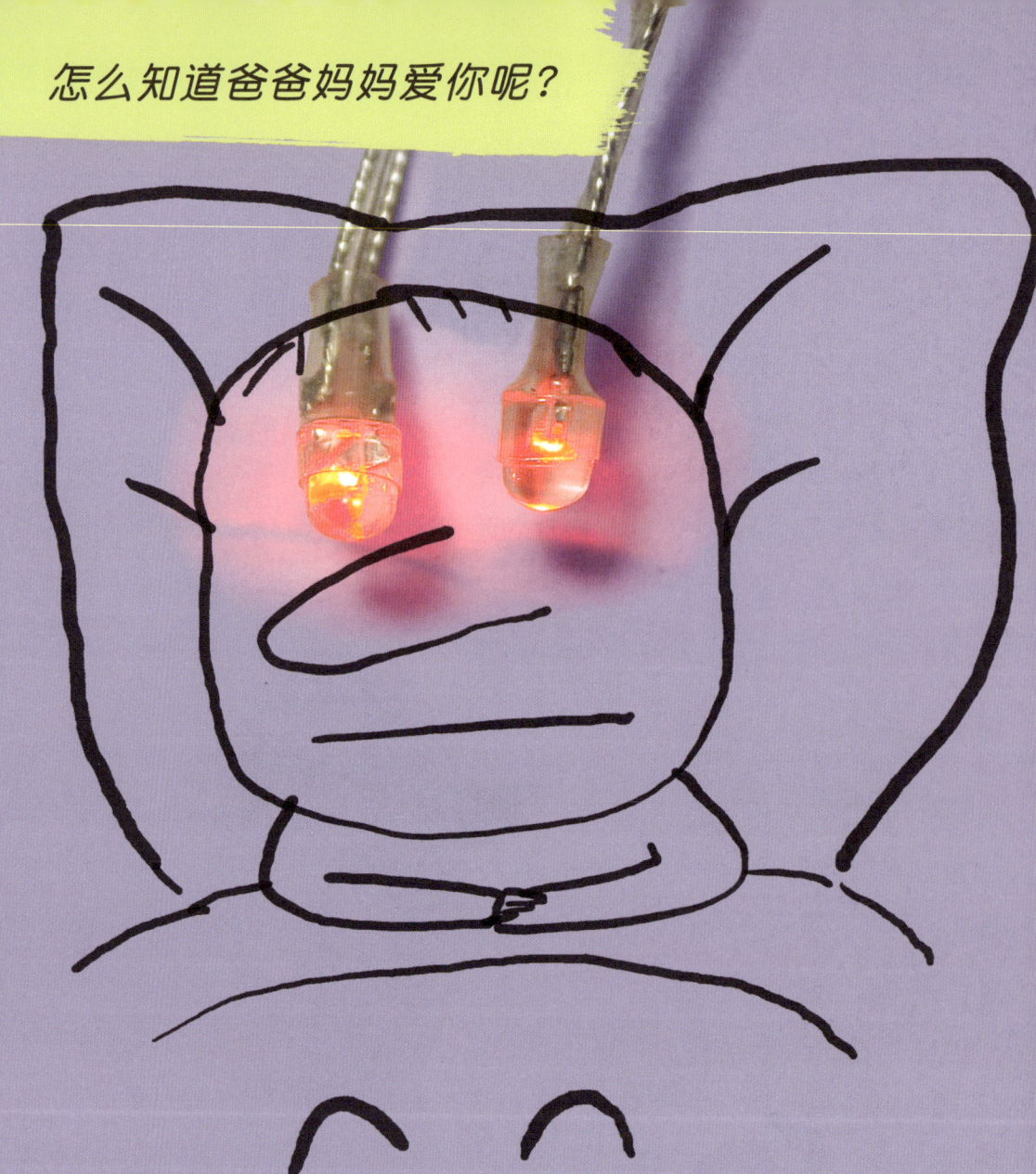

爱 的 证 据

他们抚养我长大，
生病时带我看医生。

对，可是……

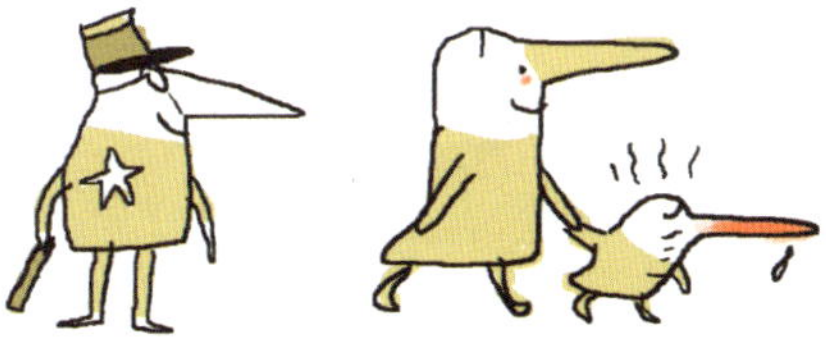

 爸爸妈妈必须这样做吗？

爸爸妈妈一定有能力抚养
自己的孩子吗？

 那些没有能力抚养孩子的爸爸
妈妈不爱他们的孩子吗？

怎么知道爸爸妈妈爱你呢?

爱 的 证 据

我心里确信他们是爱我的。

对，可是……

心里感觉到的和用头脑思考的，哪一个更清楚呢？

有时候，你需要为这种爱找到证据吗？

你是不是有可能感觉不到别人给你的爱呢？

怎么知道爸爸妈妈爱你呢?

爸爸妈妈会为我担心。

对,可是……

有人为你担心,会令你愉快吗?

爱一个人,就一定会为他(她)担心吗?

如果他们对你有信心,还会为你担心吗?

爱 的 证 据

怎么知道爸爸妈妈爱你呢?

当我犯错误时,
爸爸妈妈会处罚我。

爱 的 证 据

爱意味着一定要接受不愉快吗?

是处罚好,还是讲道理好呢?

处罚总是值得称赞吗?

怎么知道爸爸妈妈爱你呢?

爱 的 证 据

我想要的东西，
爸爸妈妈会买给我。

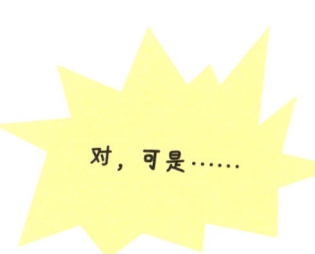
对，可是……

爸爸妈妈可以买到所有的东西吗？

爱意味着要满足对方所有的要求吗？

你想要的东西，都对你有好处吗？

礼物是爱的表现吗？

怎么知道爸爸妈妈爱你呢？

你要相信爸爸妈妈是爱你的。但偶尔你也会疑惑，他们到底有多爱你。你想确认这种爱，因为你觉得自己需要爸爸妈妈的爱，想找到一些爱的证据。不过，有些爱你可能并没有意识到，除了呵护你、送你礼物，处罚你、为你担忧又何尝不是对你的爱呢？有时候，也许你向爸爸妈妈索要的爱太多了。毫无疑问，爱是一种非常神秘的情感，总是让人难以理解……

爱 的 证 据

**小读者，问这个问题，
是想告诉你……**

爱有千百种表达方式，有时
这些方式可能会相互矛盾。

要懂得理解爸爸妈妈
对你的爱。

要好好享受被爱的幸福。

> 嫉妒

你会嫉妒你的兄弟姐妹吗?

你会嫉妒你的兄弟姐妹吗?

对,可是……

爱一个人,就会愿意与他(她)分享一切吗?

嫉妒

不会,因为我爱他们。

你嫉妒那些你不喜欢的人吗?

你一直都很爱你的兄弟姐妹吗?

你会嫉妒你的兄弟姐妹吗?

会,因为他们有一些我没有的东西。

嫉妒

对，可是……

你不是也有他们没有的东西吗？

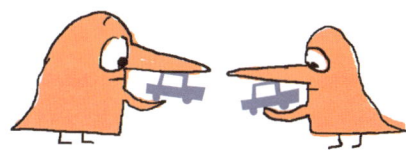
为什么你想和他们有相同的东西呢？

为什么你想要那些你没有的东西呢？

因为我没有啊！

你会嫉妒你的兄弟姐妹吗?

会,因为我想
让爸爸妈妈只照顾我一个人。

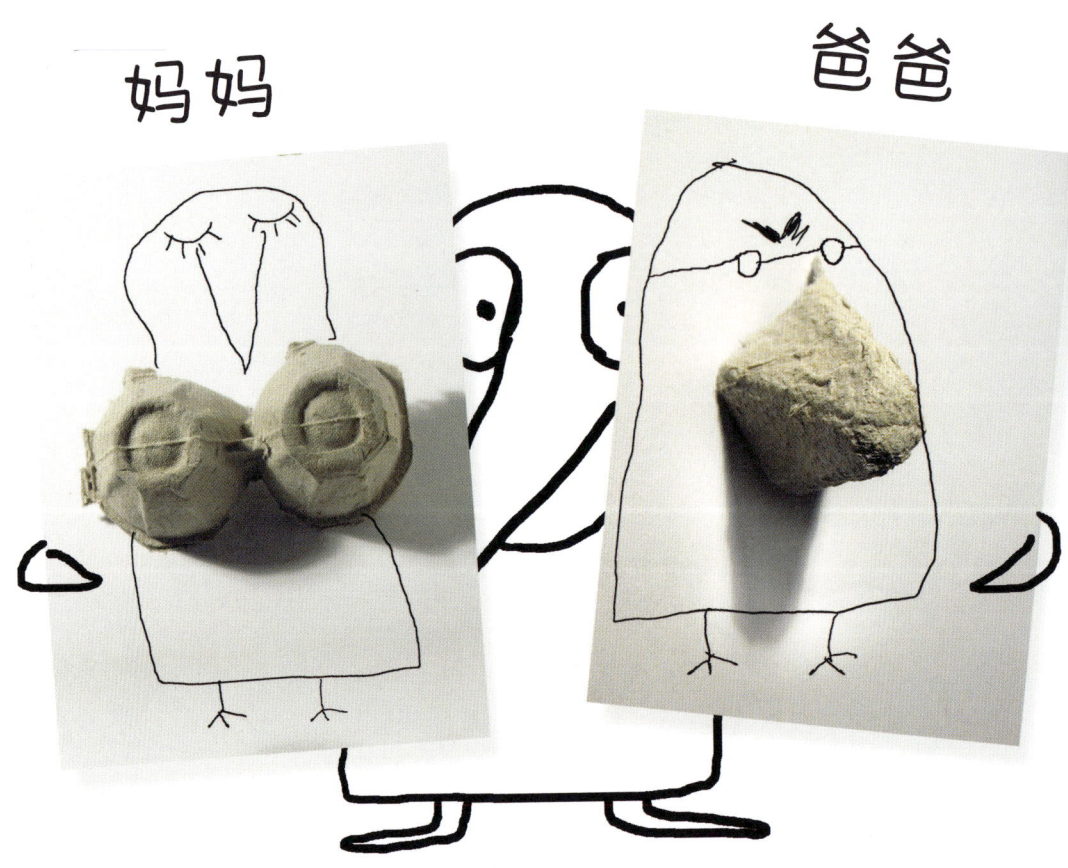

妈妈　　　　　爸爸

嫉 妒

爱不能互相分享吗?

爸爸妈妈照顾你的兄弟姐妹时,对你的爱会减少吗?

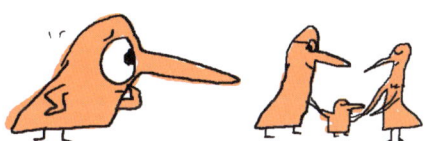

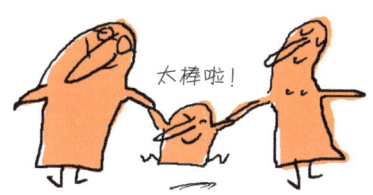

你会一直让爸爸妈妈照顾你吗?

你想让爸爸妈妈抛弃你的兄弟姐妹吗?

你会嫉妒你的兄弟姐妹吗？

嫉妒

不会，
因为那样我会不高兴。

如果嫉妒让你高兴，你会嫉妒吗？

是不是因为不高兴，所以更容易嫉妒呢？

嫉妒让谁痛苦呢，你自己，还是别人？

你会嫉妒你的兄弟姐妹吗？

不会，因为那样会

有时候，也许你有充分的理由去嫉妒呢？

嫉妒

惹麻烦。

为了避免惹麻烦，人能控制自己的嫉妒心吗？

通过打架来表达嫉妒，是好的方法吗？

你会嫉妒你的兄弟姐妹吗?

爱是一种强烈的情感。我们有时会担心爱被夺走了,会担心一旦失去了爱,爱就不再存在了,即使你对自己说这样不好,有时还是会希望爸爸妈妈只照顾你一个人,眼里只有你。在你看来,你会嫉妒自己的兄弟姐妹,你觉得给他们的东西都是从你这儿抢走的,这使你不高兴。其实,爱之所以伟大,正是因为爱能够与人分享。

嫉 妒

**小读者，问这个问题，
是想告诉你……**

要理解爱是互相给予。

要学会去信任你爱的人。

要尊重家庭里的
每一个人。

要了解，你得到的爱和付出的
爱都是独一无二的。

你为什么 【冲突】
要和相爱的人吵架呢?

你为什么要和相爱的人吵架呢?

冲突

因为如果他们来烦我，我就要进行还击。

对，可是……

他们来烦你，会不会有什么原因呢？

他们烦你时，你一定要还击吗？

那些爱你的人，可以在爱你的同时惹你烦吗？

如果你不喜欢别人来烦你，为什么你要去烦别人呢？

你为什么要和相爱的人吵架呢?

冲突

因为我**生气**啦。

对,可是……

你快要惹我生气啦!

谁能让你生气,是别人还是你自己?

吵完架就不会生气了吗?

生气的时候,一个人待着会不会更好呢?

你为什么要和相爱的人吵架呢?

因为我是大坏蛋。

对,可是……

我就是大坏蛋,怎么啦?

你是因为吵架了才是大坏蛋,还是因为你是大坏蛋而吵架呢?

我可以坏坏地喜欢人!

如果你是大坏蛋,那你怎么会喜欢别人啊?

我微笑时很可爱!

你有办法当百分之百的大坏蛋吗?

冲突

你为什么要和相爱的人吵架呢?

42

冲突

因为这样
会让我的心情好一点儿。

对,可是……

如果这样会让你所爱的人伤心呢?

啊,真过瘾!

每次吵完架后,你的心情都会好一点儿吗?

太危险了!

吵架很好玩吗?

你为什么要和相爱的人吵架呢？

吵架可以解决

对，可是……

心平气和地讨论问题是不是会更好呢？

问题永远都有办法解决吗？

冲突

一些问题。

吵架会不会制造新的问题呢？

糟了！

吵架时说的话，是经过大脑认真思考的吗？

你为什么要和相爱的人吵架呢？

最激烈的争吵往往发生在你和你最爱的人之间。也许是某些情绪让你变得敏感，你需要他们的体谅和尊重，也许是你们天天生活在一起，接触太多了。虽然他们不在的时候，你会感到孤独，但是他们在你身边时，你又会觉得有点儿厌烦。吵架有很多原因：生气，看法不同，喜欢捉弄别人，或感觉受到伤害。吵架不表示没有感情，它提醒我们和喜欢的人相处时，必须接受对方和自己个性上的差异，甚至对立。

冲突

**小读者，问这个问题，
是想告诉你……**

我们为什么吵呢？　我忘啦！

要搞清楚吵架的原因，避免用暴力解决问题。

某些行为或言语可能会伤害我们所爱的人。

要学习如何与别人相处，即使是相爱的人也一样。

如何与别人相处？

48

爱情

恋爱很美好吗?

恋爱很美好吗?

爱 情

是的，
因为恋爱可以带来幸福。

对，可是……

一个人独处时，能感受到同样的幸福吗？

爱情带来的只有幸福吗？

幸福是生活中最重要的事情吗？

如果你爱的人不爱你，你还会幸福吗？

恋爱很美好吗？

不是，因为别人会嘲笑我。

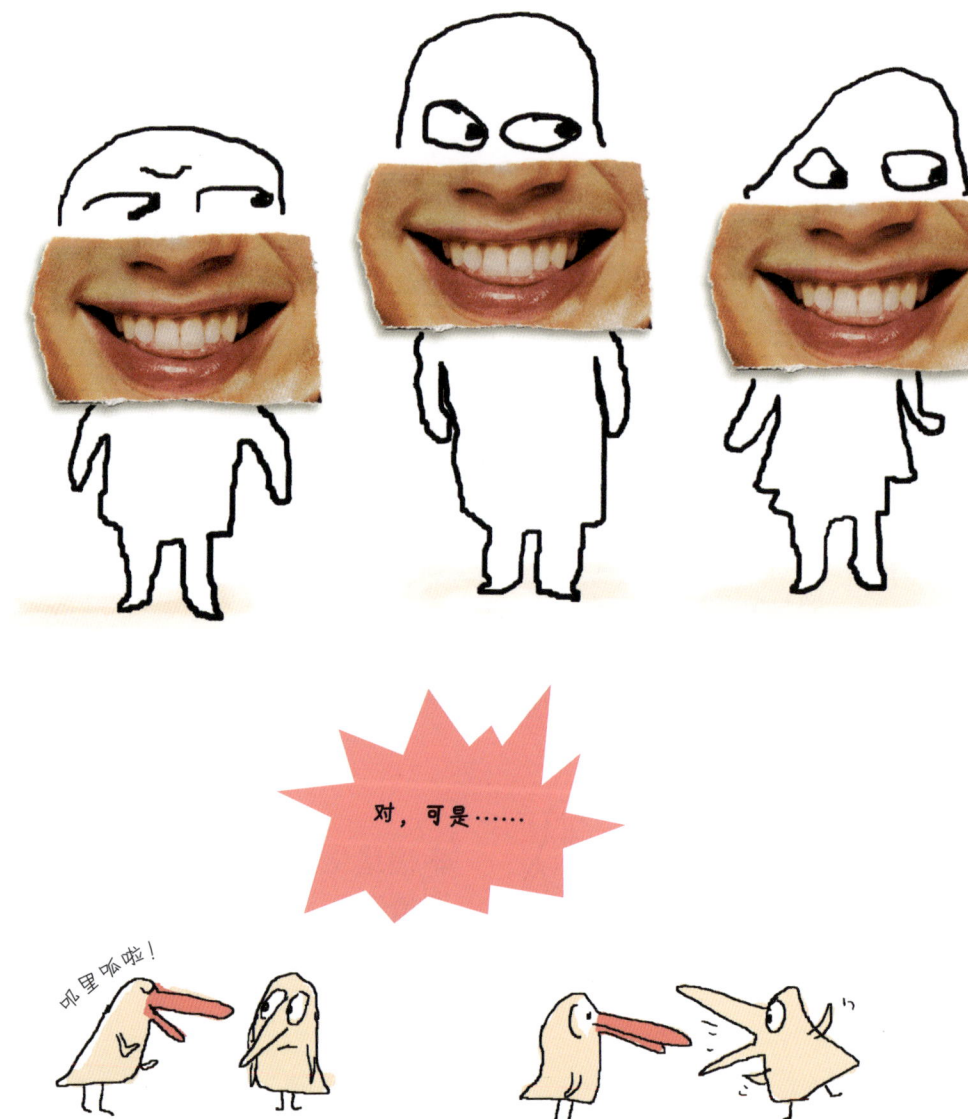

对，可是……

你喜欢听别人的意见呢，还是自己来做决定？

如果别人错了，你能说服他们吗？

爱 情

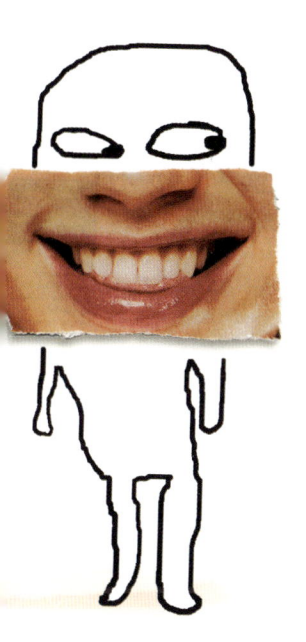

有些人是不是因为嫉妒，所以才嘲笑别人呢？

你的爸爸妈妈相亲相爱，别人会因此嘲笑他们吗？

恋爱很美好吗？

是的，因为相爱的人

对，可是……

在你需要帮助时，对方没有帮助你，你还会爱他（她）吗？

你爱的是他（她）这个人，还是他（她）帮你做的事呢？

爱 情

可以互相帮助。

爱情一定要有什么好处吗?

恋爱时,你是愿意接受帮助,还是愿意帮助他(她)呢?

恋爱很美好吗？

不是，因为有时候

对，可是……

有人知道一段爱情能持续多久吗？

爱 情

爱情并不长久。

因为爱情可能会带来痛苦,我们就不谈恋爱了吗?

我们需要做些什么,好让爱情更加长久呢?

恋爱很美好吗?

不是,因为爱情总是不请自来。

对,可是……

如果你不愿意,你会恋爱吗?

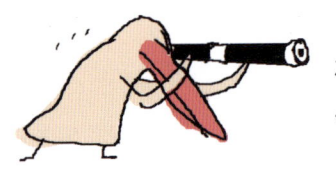

在某个地方和一个人相遇,
会不会是命运的安排呢?

爱 情

啾啾！
啾啾！

有恋爱的感觉了，就一定能开始恋爱吗？

恋爱很美好吗？

恋爱可以使人充满幻想，变得喜欢交流，有时也会让人忧心忡忡。这是因为爱情里有很多风险，它既可以带来幸福，也会带来烦恼。恋爱时你会担心：如果我再也离不开别人呢？如果我和喜欢的人吵架呢？你无法掌控爱情，既不能决定什么时候恋爱，也不能预先知道你喜欢的人是谁。虽然这样，但通过恋爱，一个人会更加了解自己的内心世界。

爱 情

**小读者，问这个问题，
是想告诉你……**

我们没办法控制每一件事情。

我爱她……我爱她……我爱她……

要了解你是谁，你想要什么。

有的事情能让我们的日常生活变得更美好，更精彩。

爱情……

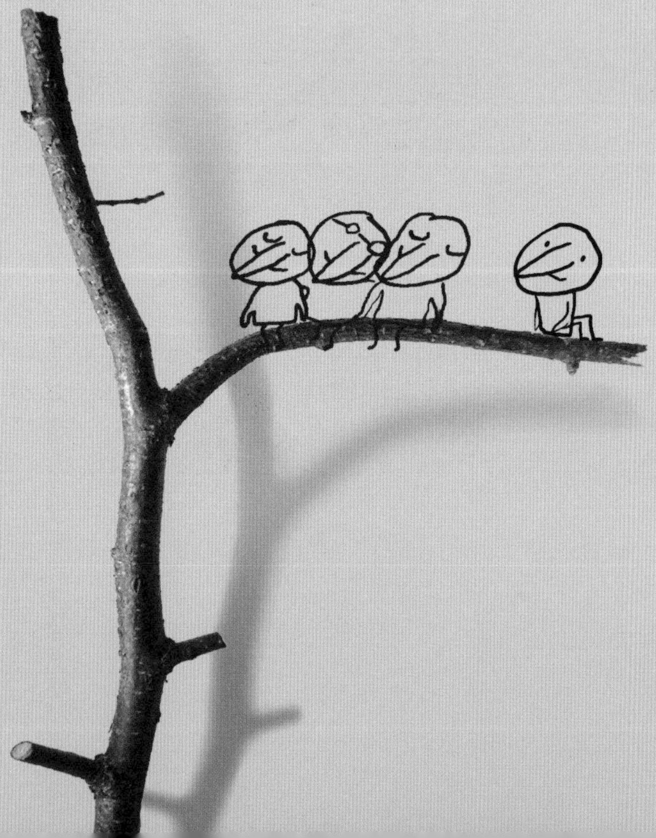

友谊

你自己待着好，
还是和朋友在一起好？

你自己待着好，还是和朋友在一起好？

我更喜欢一个人待着，因为我喜欢安静。

对，可是……

安静的时候，你会不会感觉无聊呢？

有时候，独自一人会不会使你焦虑不安呢？

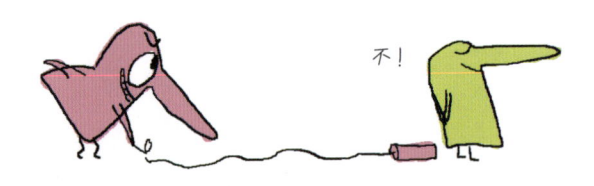

不！

生活本来就该安安静静吗？

友 谊

请勿模仿

你自己待着好，还是和朋友在一起好？

友谊

我更喜欢自己一个人思考问题。

对,可是……

你是用自己的脑子思考,还是带着别人的想法思考呢?

和别人交流自己的想法,会不会帮助你更好地思考呢?

我一点儿都听不懂!

如果你的想法出了问题,谁来帮助你呢?

你自己待着好，还是和朋友在一起好？

我觉得和朋友在一起

对，可是……

和朋友在一起，只是为了玩吗？ 　　　你会一个人高高兴兴地玩吗？

友 谊

更好玩。

如果玩游戏时你输了,你还喜欢和朋友在一起吗?

如果别人不和你玩,你会和他(她)做朋友吗?

你自己待着好，还是和朋友在一起好？

禁止入内

友谊

我更喜欢一个人玩玩具。

对,可是……

你的朋友没有把他们的玩具给你玩吗?

与人分享,会不会让你更快乐呢?

不许动,这是我的!

对于多人游戏,比如下棋,你也喜欢一个人玩吗?

你自己待着好，还是和朋友在一起好？

友 谊

我更喜欢和朋友在一起，因为我喜欢他们。

对，可是……

你喜欢朋友们都住在你家吗？

你经常更换朋友吗？

如果你的朋友更喜欢一个人待着，怎么办呢？

当朋友没按你的想法做时，你还会喜欢他们吗？

你自己待着好，还是和朋友在一起好？

咕呱咕呱

咔嚓咔嚓咔嚓

咯吱咯吱咯吱咯吱

扑通扑通扑通

咕噜咕噜咕噜咕噜

嗡嗡嗡嗡

叮叮当当

咔咔咔

嘎吱嘎吱

呼呼

喔喔喔

咚咚咚

吱呀吱呀

呼呼呼呼呼

叮咚叮咚

吱吱

呱呱

唧唧 唧唧

轰隆轰隆

咯咯

咚咚咚

友 谊

我更喜欢和朋友在一起，
因为我不喜欢一个人待着。

对，可是……

你喜欢别人，是因为他们让你有安全感吗？

只要是陪在你身边的人，就一定是你的朋友吗？

不喜欢和自己相处，有可能与别人友好相处吗？

你自己待着好,还是和朋友在一起好?

有时候你想一个人安静地待着,有时候你希望有人陪伴。喜欢朋友,是因为和朋友在一起能让你很开心,他们可以倾听你内心的秘密,能和你讨论共同感兴趣的话题。可是,当朋友反驳你,向你索要东西而你不愿意给时,你更愿意一个人待着。对于大多数人来说,一个人待着很快就会感到无聊,会想念朋友。独处和与人相处都很重要,而且友谊是在与朋友相处的过程中逐渐建立起来的。

友谊

小读者，问这个问题，是想告诉你……

赞同别人观点的同时，也要保持自我。

这么说，你同意啦？ 对！

我需要你们！

生活中，你会经常需要别人的帮助。

我是不一样的！ 我也是！

别人和你不一样，正如你和别人不一样。

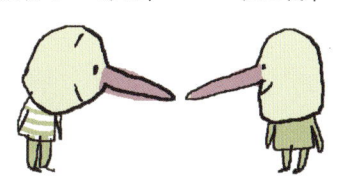

我要给朋友一个惊喜！

期待朋友给你东西的同时，也要想想你能给朋友什么。

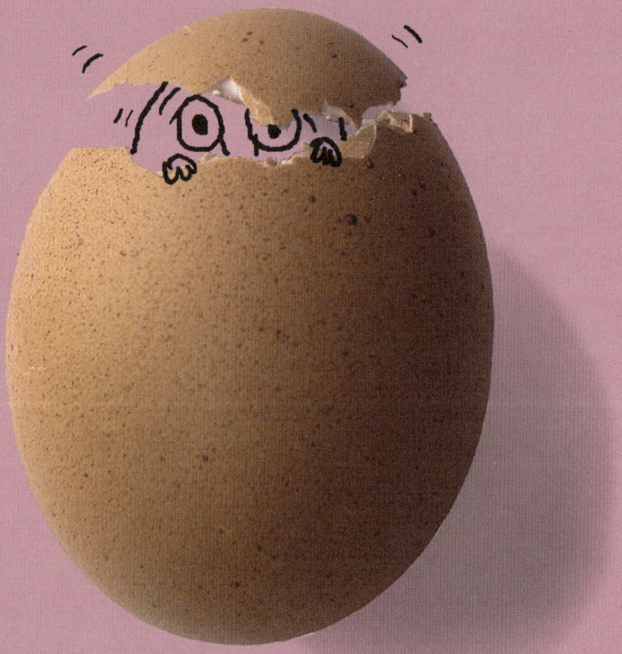

> **胆怯**

你害怕在全班
同学面前说话吗?

你害怕在全班同学面前说话吗?

80

胆怯

不怕，我觉得这样很好玩，我还把自己扮演成小丑呢。

对，可是……

小丑！

扮演小丑能让你保护自我吗？

呀呀！

小丑的幽默能减轻我们的恐惧吗？

学业　婚姻　事业

人生可以是一场游戏吗？

你害怕在全班同学面前说话吗？

82

胆怯

害怕，我不喜欢很多人盯着我看。

对，可是……

大家看你就是在批评你吗？

你宁愿当一个隐身人吗？

眼神会伤人吗？

你害怕在全班同学面前说话吗?

84

胆怯

害怕，因为我是一个人，
而他们人很多。

对，可是……

他们中的每个人不也像你一样，
是单独一个人吗？

总算清净了！

孤单总是令人害怕吗？

他们人很多，就一定会和你对立吗？

85

你害怕在全班同学面前说话吗？

胆怯

害怕，因为我可能会说错话，会看起来傻傻的。

对，可是……

上学不就是为了学习吗？

什么都知道才算聪明吗？

不！

要完美无瑕，一个人才有资格存在吗？

可以大智若愚吗？

你害怕在全班同学面前说话吗?

害怕，因为我会脸红，
说话也会结结巴巴的。

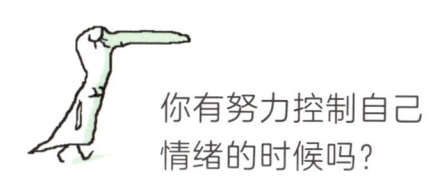

对，可是……

哗！

你有努力控制自己情绪的时候吗？

只有你会脸红和结巴吗？

脸红是件很严重的事情吗？

你害怕在全班同学面前说话吗？

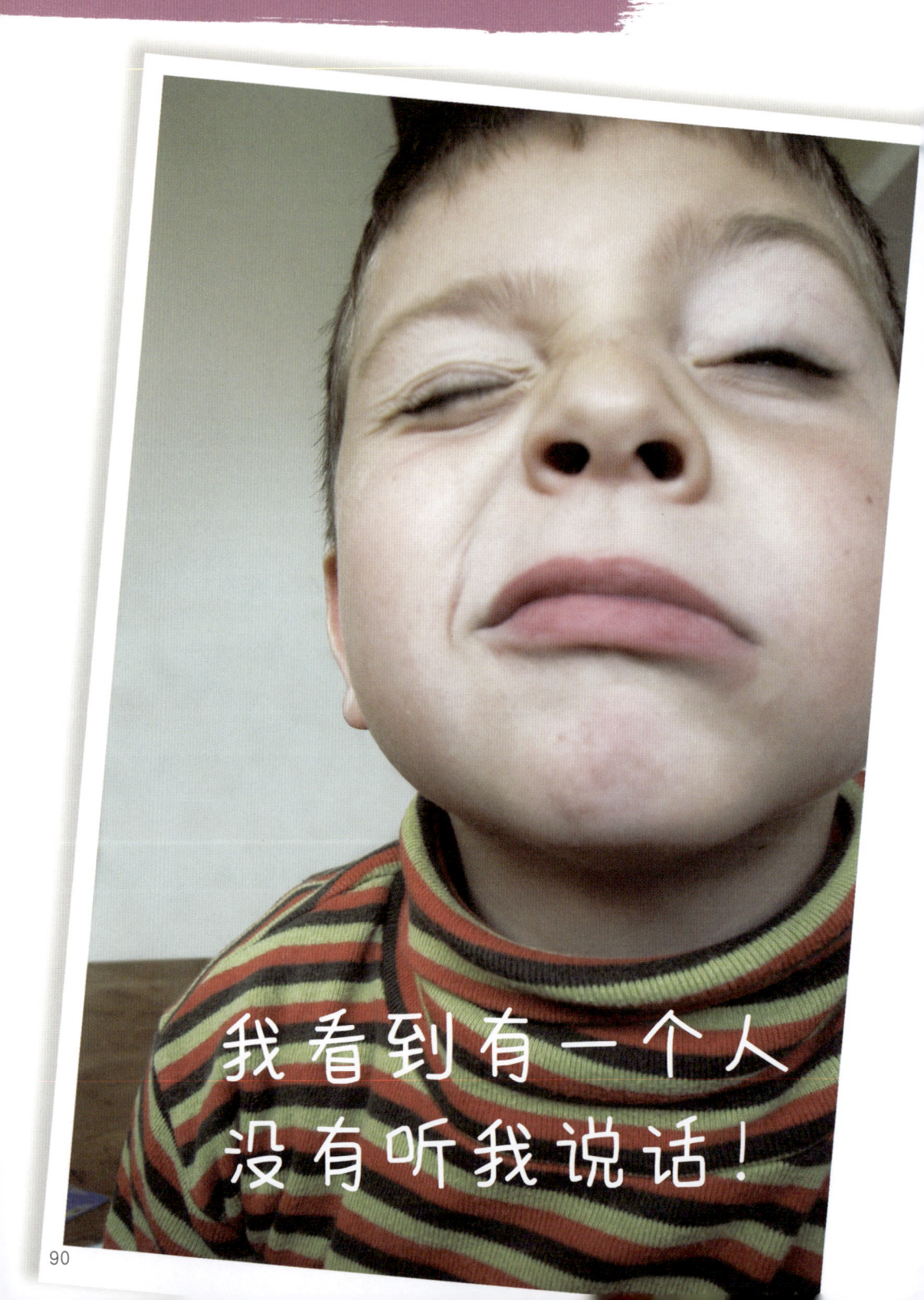

我看到有一个人没有听我说话！

不怕，因为我喜欢
同学们听我说话。

对，可是……

认真听你说话，就表示
他们重视你吗？

吧吧喳喳！   吧吧喳喳！

你喜欢听别人讲话吗？

"吧吧喳喳"是啥意思啊？

听了就代表听懂了吗？

你害怕在全班同学面前说话吗?

通常我们不习惯一个人面对许多人。这种场面可能很有趣,也可能令人有点儿发怵,因为人很多,场面有点儿吓人,别人还有可能会嘲笑你。其实,你非常需要他们喜欢你,如果能逗他们笑,你就成功了一大半,可有时候你却因为紧张而说不出话来。也许放下对自己苛刻的要求,或是停止猜测别人的想法,你就不再害怕面对他们了。

胆怯

**小读者，问这个问题，
是想告诉你……**

试着在集体中找到适合自己的角色和位置。

为什么？ 不为什么！

问一下自己，面对很多人为什么会令你不安和害怕。

我不完美！ 对，我知道。除了我，没有谁是完美的。

告诉自己：我不是完美的，没有谁是完美的。

我不喜欢你！ 随便你，没关系！

你没有办法让所有的人喜欢你。

让孩子学会思考

孩子喜欢问各种各样的问题，这些问题往往是激发深入思考的好机会。作为大人，尤其是父母，应如何回应孩子的这些问题？父母的回答对于孩子思维的发展是有价值的，但更重要的是引导孩子学会独立思考与判断，让孩子通过自己的思考获得自主权，成长为负责任的人。

"儿童哲学智慧书"系列图书搜集了孩子们最常问的一些哲学问题，每个问题之下都有多个答案，这些答案都来自孩子的真实回答。有的答案是显而易见的，有的答案则令人感到惊讶或困惑。所有的答案又会引发新的疑问，因为思考本就是一个永无止境的过程。即便有些问题没有明确的答案，也没关系，答案并不是必需的，而问题的最大价值就在于它能够开启对话与讨论。

一个有意义、有价值的问题会受到人们的喜爱，而关于人们最常见、最困惑的问题，比如"生活，是什么？""爱，是什么？""好和坏，是什么？"……也会引发人们长久的思考。这些问题虽然难以回答，但可以推动我们不断思考，锻炼我们的思维能力。

让我们打开本系列图书，一起面对这些问题，通过不断的交流与讨论，孩子和父母都能在这一过程中获得成长。这样，我们不仅能更深入地理解这个世界，也能更好地认识自我，并增进彼此之间的理解。

奥斯卡·柏尼菲

儿童与哲学

哲学家、学者、作家　周国平

经常有人问我：要不要让孩子学哲学？几岁开始学比较好？我总是反问：让孩子学哲学，有这个必要吗？孩子们都是哲学家，应该是我们向他们学！这不是戏言，通过亲自观察，我深信儿童与哲学之间有着天然的亲和性，和大多数成人相比，孩子离哲学要近得多。在有些人眼中，孩子与哲学似乎不搭界，那是因为他们既不懂孩子，严重地低估了孩子的心智，也不懂哲学，以为哲学只是一门抽象的学问，对两方面都产生了误解。

有心的父母一定会注意到，儿童尤其是幼儿特别爱提问，所提的相当一部分问题是大人回答不了的，不是因为大人缺乏相关知识，而是没有任何知识可以用作答案。这样的问题正是不折不扣的哲学问题。哲学开始于惊疑，孩子心智的发育进入旺盛期，就自然而然地会对世界感到惊奇，对人生产生疑惑，发出哲学性质的追问。纯真好奇的儿童心智与陌生新鲜的大千世界相遇，这是人类精神中灿烂而永恒的时刻，但在每个人一生中，却又是稍纵即逝的短暂时光。

所以，如果说"学"哲学，儿童期正是"学"哲学的黄金时期，机不可失。不过，所谓"学"完全不是从外部给孩子灌输一些书本上的知识，而是对孩子自发表现出来的兴趣予以关注、鼓励和引导。对于孩子的哲学性质的提问，聪明的大人只需要做两件事，第一是留意倾听他们的问题，第二是平等地和他们进行讨论。相反的态度是麻木不仁，充耳不闻，或者用一个简单的回答把孩子的提问打发掉，许多孩子的哲学悟性正是这样在萌芽阶段就遭扼杀了。

凡真正的哲学问题都没有终极答案，更没有标准答案。一定有人会问：既然如此，让孩子思考这种问题究竟有什么用？我只能这样回答：如果你只想让孩子现在做一台应试的机器，将来做一台就业的机器，当然就不必让他"学"哲学了。可是，倘若不是如此，你更想让孩子成长为一个优秀的人，哲学就是"必修课"。通过对世界和人生的那些既"无用"又"无解"的重大问题的思考，哲学给予人的是开阔的眼光、自由的头脑和充满智慧的生活态度，而这些素养必将造福整个人生。

当然，要做孩子够格的哲学"同伴"，大人必须提高自己。在这方面，一个有效途径是亲子共同阅读高水平的哲学童书。哲学童书且具高水平，殊为不易，常见的或者是太"哲学"（其实是太理论），不儿童，缺乏童趣；或者是太儿童，不哲学，缺乏哲思。接力出版社从法国引进的"儿童哲学智慧书"系列丛书，我看了很喜欢，它符合我心目中既儿童又哲学的定位。这套书用简短的文字配以稚拙的图画，看似简单，其实很用心思。一是选题精当，每册都是对一个重要哲学主题的追问，包括"我""生活""幸福""情感""自由""社会""知识""好和坏""艺术和美""暴力""恐惧""真和假"等，这些主题同时又是在现实生活中容易引起困惑的难题，因而是和人人密切相关的。二是通晓儿童心理，在每个主题下有若干问题，在每个问题下有若干可能的回答，问题的设计和回答皆出自孩子的视角，既天真可爱，又真实可信，每每令人会心一笑。三是真正用哲学的方式来启迪哲学的思考，对于每个回答不下对错的论断，而是从不同角度展开质疑，最后也不给出一个结论，而是点出思考这个问题的价值之所在。这三点使我相信，作者是既懂孩子又懂哲学的，因此我便可以放心地向孩子们以及家长、老师们推荐这套书了。